Comme Vous

Sandrine, ADSO

Comme Vous

© 2014, ADSO
Edition : BoD - Books on Demand
12/14 rond-point des Champs Elysées, 75008 Paris
Imprimé par Books on Demand GmbH, Norderstedt, Allemagne
ISBN : 9782322037742
Dépôt légal : août 2014

Le ruisseau

Tu sais, toi là-bas,
Il y a un ruisseau
Qui vole plus haut que ça.

Il n'est pas simplement beau,
Il existe préservé, immaculé.
Sa surface est ailée, transparente
S'élançant vers le ciel bleuté.

Aucune pluie, aucun orage, aucune tourmente
Ne l'atteindront parce qu'il est :
Plus profond qu'un océan,
Plus limpide qu'une larme.
Et, si tu le regardes porté par le vent
Tu saisiras l'ombre de l'unique arme
Celle qui vit, invisible en flottant
Entre la terre et le ciel.

Son mouvement est ascendant.
Sa respiration n'a pas l'odeur du sel,
Elle chante dans le silence des étincelles
Qui tourbillonnent, festin de lumière.

Ô ruisseau inconnu, tu m'éclaires
Et je ne peux que te créer
Dans un jardin, un peu plus près,
Là où tous les enfants pourront te respirer
Plein de vie.
D'incroyables énergies
Ascendantes et giratoires
Comme le son de l'espoir.

A la cime de cette colline,
Là où le ruisseau
Colore, imagine et dessine
La transparence de l'air, le joyeau
L'indicible royaume des âmes et d l'eau.
Âmes et eau
Bien plus haut.
Tu sais l'eau
Rejoint ton âme :
L'âme rejoint ta larme
Et, ce ruisseau es tune fleur
Qui s'élance dans ton coeur,
Ne le tue pas
Même si tu ne peux le voir,
Car chacun de tes pas
Sera un matin, un soir.
Un étrange miroir

Où brillera ton souvenir :
De l'espoir,
De l'avenir.

Pour le ruisseau là haut,
Pour l'âme et l'arbrisseau
Qui te secoue vers des contrées lointaines.
Il y aura toujours une petite fontaine.

La parole

Je suis celui que tu attends
Depuis l'éternité jusqu'au firmament
Je t'ai vu dans ma naissance
De feu et de reminiscence.

Puis les étoiles se firent cortège
Balançant la lumière en arpège.
Aujourd'hui, je coure sur ta portée
Et j'entends la mélodie de ta mélopée.

Je viens te voir cette nuit
Attends-moi toute la vie.
Ce soir je serai là,
Et dans le silence tu diras
Ma réminiscence es tun cadeau.
Aujourd'hui, je porte le drapeau
D'un pays très lointain
Où tu flottes dans les embruns,
Marin de mes nuits.

Mes rêves se font marée.
Attends-moi toute la nuit,
Enfin, je pourrai te toucher,
Dans le bleu de l'éternité,
Dans le vent du firmament

Dans cette nuit de feu et de diamant.

Ta voix percera
Et l'éclair qui filera
Me donnera cette lumière
Pour l'ultime prière
De t'entendre et de te voir.

Chaque matin est le soir
De l'infini espoir
De t'attendre dans le firmament.

Chance

Le feuillage de votre silence
A la couleur de vos yeux,
Celle qui distribue toutes les chances
Et retrouve le baiser-heureux.

Je ne saurai vous dire
Mes remerciements feront pâlir
Que : l'amour a la couleur
De chacune des fleurs
Que :
L'on voit penchés sur la lumière.

Ô merveilles, amour et clairières
Vous êtes arbres et écorces
Tout empli de cette tendre force,
De donner à vôtre visage
Le chant de cet oiseau de passage.
Ainsi s'envolent les couleurs dans vôtre regard
Et la clairière s'ouvre devant vos bras.

Vous portez cet amour qui es tun départ
Et chaque murmures mènent au combat.

Je ne saurai vous dire
Ce que l'on entendait derrière les menhirs :

Murmures ou désirs.
Je saurai vous dire
Que vous avez donné vie à mon âme ;
Celle qui flotte au pays des songes.
Pays des songes et de la clairière.

A présent le lac éclairé par le jour
M'a conduit aux genoux de l'amour.
Amour animiste
Justement
Coeurs animistes
Remerciements.

Les trois rêves

Sur un cheval blanc
Rêvant de partir dans le vent,
Elle vit trois rêves :
Un bleu,
un jaune séve,
Un orange.

Le premier était la mer,
Le deuxième était le soleil
Le troisième était sa prière.

Pour que le soleil ne se couche jamais,
Afin que la longue crinière reste secouée,
De pailles douces, lumineuses et feutrées
Dans le soleil.

Qu'il se couche,
Elle restait debout
Pour sentir le matin faire sa roue,
Pour sentir le soleil tomber à genoux
Dans un sublime éclair.

Le premier rêve, elle ne le fit qu'une fois,
Il était depuis son enfance dans les boccaces.
La deuxième était une vieille trace,

Ancrée dans le sol à tout jamais.

Le cheval galopait dans le feu, la liberté.

Le troisième rêve se réalisa le soir
D'un matin humide où il fallait se taire.

Elle rêvait de prairies immenses,
Prairies pleines de feu qui dansent.

Son réveil ne fut qu'un long sentier,
Dans la nuit perdue au milieu des allées.

Elle voyait son ombre traversée
Par la lumière de ses passés.

Elle connut les cascades, les torrents,
Les flammes dans le vent.
Mais son sommeil fut lent,
A son réveil, il n'y avait que des enfants
Qui chantaient gloire à sa vie,
Car ce n'était plus une licorne,
Elle vivait dans le feu et le froid sans abris,
A sa mort une étoile du capricorne s'alluma,
La pluie tomba.

La terre devint une prairie couverte
De ses fleurs en cendres vertes.

Jour d'altro

Je sais que la nuit sera tombée demain,
Enfin le jour diparaîtra au bout du chemin,
Et j'aurai tendu les mains vers ces lucioles, ces fées,
Qui ont fait de ma vie, un chant de prières.

Si tu veux, tu pourras venir moissonner les prés ;
Je pense à ta main avec une aura bleue
Qu'une fée aura tendrement posée.

Dans un jour et une nuit, il n'y aura plus
Le soleil sera là, mais lumière tu seras distillée
Et elle inondera ma vie comme la pluie dans la rue.
Dans ces rues où se cachent les prophétes éclairées :
J'entends depuis ma caverne leur soleil arriver.

Viens je t'invite à soupirer parmi les gouttes d'or
Et découvrir la douceur de ta vie, tu sais pleurer.
Un elf dans ton enfance est venu, il rit encore.
Sais-tu ? Il dépose dans chacune de tes larmes un baiser.

Le soleil aura beau brûler,
La lune pourra pleurer,
Il n'y aura que ténèbres et lumières,
Autour des astres pleins de fusains brillants,
Qui déclineront au ciel plein de bleuets verts

Pour éclairer la vie et la magie du temps
Qui découlent parfois sur mon corps.

Veux-tu une de mes larmes transparentes ?
Pour voir ce que je verrai encore et encore

Les plus belles licornes et les déesses qui chantent.
Une fée pour toi s'est couchée,
Elle t'a donné ce que tu ne sais toujours pas
Voilà pourquoi tu vis.

Le feu ne s'éteindra plus jamais,
Les torrents sur les rocs continueront de s'effondrer,
Il y aura le feu et l'eau.
Le cosmos sera retracé par des étoiles filantes
Et clamera au ciel des moments magistraux.

Il y aura des nuits secrètes qui chantent
Ecrites dans mes rêves comme dans un ruisseau ;
On peut voir les pierres sacrées sur son lit
Que mes yeux n'éteindront jamais la nuit.
Il y aura ces êtres fabuleux qui nous font purs.
L'un d'eux s'est allongé dans ton âme,
Voilà pourquoi je vivrai d'une vie qui dure.

Je verrai toujours ces brulantes flammes,

Et les cascades rouler dans les jungles à midi,
IL y aura toujours pour le dire, des mots.
Ces couleurs et ces ombres qui peuplent la vie.

Voyage

La nuit commence avec les eiders qui s'en vont
Mais elle emmène avec elle aussi les couleurs de l'aurore dans l'aube.
Le jour grandit et la rosée portée par le typhon
Laisse derrière elle, les couleurs de l'aurore dans l'aube.

Tout là-bas dans le désert s'envolent les dunes
Vers des cieux nocturnes, où se cachent les brunes.
Où s'en vont les rivières de soleil.
Les collines et les vallées dans l'infini
Pleins de chants d'oiseaux bleus et d'oiseaux gris
Qui se déchirent leurs couleurs en petits monts
De lueurs pâles et souples dans le matin.

Cette île aux contours et diapres de satin
Dont les vagues lisses se promènent en rond
Et laissent derrière elle des filets de lumière
Sur des rivages clairs
Qui s'éloigne vers des astres bleus,
Où les étoiles sont des étoiles de feu.
Où les vents sur terre amènent la vie,
Bercés par l'aurore du jour et l'aube de la nuit.

La terre vogue aux mille feux marins
Et quand le jour paraît,
Les fleurs commencent à s'étaler
Dans les corolles de soleil aux pétales.
Aux couleurs claires et voyantes
Comme des lustres de paille argentés
Que la terre alarmante,
Diffuse en bouquet
Dans un brin de bonheur.

Aux espoirs du printemps et de l'hiver,
Aux craintes de l'automne et de l'été,
De la neige qui recouvre les terres
Et qui fond, posant des cristaux sur les alizées.
Ainsi le vent fleurit dans les bourgeons
Durant le temps où le cheval hisse sa crinière,
La caresse du vent chaud dans l'air
Et secoue les faisceaux de lumière ;
Calfeutrés dans les rayons de leur volupté noble,
Où la terre est noble,
Où la terre est porteuse,
Et de chants,
Et de femmes heureuses,
Et de la terre qui bouge.

Fête azuréenne

L'horizon fut bleu, limpide océan,
Mais la déesse rouge comme le sang.
La mer fut lente et claire dans son écume,
Et tout là-bas les oiseau chantaient dans la brume.

C'était un matin fluctuant,
Une journtée d'un nouvel an
Le ciel plus clair que l'eau,
Mais le soleil foncé tout.

Il y eut des champs d'amour et d'allégresse,
C'était une aube à chaque caresse :
L'horizon étendait sa main,
Cependant la femme aux longs seins
Laissait le sang jaillir,
Pourtant la mer restait transparente dans son écrin
Elle refusait de rouge devenir.

Plus clair qu'un chant, c'était un choeur
Qui dans le lointain s'avançait avec amour.
La mer espérait la douceur :
Elle glanait la force du jour.
Tel un matin, ou une nuit ensoleillée ;
Un jour qui se battrait contre le sang.
Au-dessus de l'eau le bleu était

Une marée d'éternité dans le vent.

Seul le soleil cognait sur le flanc des collines,
Et toute la mer laissait ses chevaux galoper.
Dans l'air, il y eut des musiques inconnues,
De ces airs comme l'air pur ;
Et à chaque instant se révélait nue.
La statue de tous les flots en marbre pur
Les eaux voulaient tant rayonner,
D'air chaud et non de vermeil glacé
Pour que du jour, la mer reste mauve.

Les vagues colorées galopaient telles des fauves,
Leurs soupirs s'étalaient sur quatre pôles,
Pour toujours diluer le chaud du froid
La vie, courait, colorée sans lois.
Telle est la liberté de l'eau
Plus dure ce joie que tous les barreaux.

La belle Charleville

Je suisle promeneur du soir
Celui qui regarde avec espoir
Le bout de la rue bleutée.
Je suis le promeneur habité
D'une paix douce et requise
A l'heure, où il n'est pas de mise.

Je marche sous la lune et les étoiles
Je courre sur le sol déjà sal.
Mais mes yeux regardent en haut et au bout ;
Pour partir en bateau naviguer,
Sur les étoiles de mon coeur,
Sur l'asphalte de mon, coeur ;
Avec comme compagnie
Le cadeau de la nuit.
Mes yeux brillent déjà de sa forme
Ma paix la rend vivante et non informe.
Elle vit en moi,
Elle plane en moi
A l'heure où elle peut être loin.

Je coure sous les étoiles,
Je suis un bateau sans voiles.
Que la voile sorte de l'asphalte.
Au bout de la rue,

Dans sa blancheur déjà nue.
Mon regard c'est déjà lui

Ce bateau ivre que j'ai retrouvé près de chez lui.

Je suis le promeneur de Charleville
Et je pleure car aucun bateau ne fut ivre,
Tous ont laissé la mer se fondre en givre.

Rimbaud, mon ami, cette sculpture antique
Tu l'as laissée s'embourber dans des eaux critiques.
Pourquoi ?
Rimbaud, le beau ne vivait qu'une seconde
Comme toi mon amour, et je fais la ronde
Pour te retrouver
Et t'emmener
Courir et marcher sous les étoiles.

La montagne sacrée

Sur une pierre à l'ouest de la grande montagne,
Sur une pierre assis dans la campagne,
La nuit avait mouillé
Les herbes sucrées
Autour de l'enfant du ciel
Bleu,
Silencieux,
Aux portes de ses rêves secrets
Seule la nuit transparaissait.

Sur une pierre à l'ouest de la grande mer,
Sur une pierre assis dans les terres,
La nuit avait sucré ses paupières bleutées.
Cet enfant déjà sage,
Ne riait qu'avec les nuages,
Gris.

Il filtrait les ombres,
Il caressait l'ombre
Avec son coeur et ses mains douces.
Il entendait les fleurs qui poussent.
Seules les étoiles brillaient,
Il frôlait la vie
A chaque scintillement des astres.
Il entendait la nuit

Murmuré dans les calastres,

Le visage levé vers le nord
Loin du sud, il figeait son corps.

Les yeux tournés vers l'étoile du nord,
Il captait l'énergie de la nuit
Et dans ses yeux naissaient la vie,
De chacune des constellations,
Les étoiles lui accordaient tout les dons
Les plus mystiques de la nature ;
Et ses yeux filtraient la lumière pure
Comme à lui seul cadeau du ciel.

Il transpirait avec la lumière
Autour de cette pierre,
Il y avait un brasier vert
De l'éclat des anciens,
Ceux des magiciens
Qui parlaient aux étoiles dans le soir
Prés des licornes et des pierres noires.

La première porte

Les jardins de la nuit ont laissé la porte ouverte,
Attendant le soleil
Comme on peut attendre une vie.

Je suppose que de la lumière entrera
Comme par un soupirail entrera,
Par la porte de la nuit,
Avec à leurs colliers, tout les verroux
Que la clef de la vie
A enfin donné dans l'ombre du jardin,
Elle a donné de ses deux mains de nuit ;
Toutes les chansons du matin,
Comme ce bruissement de clefs,
Qui a laissé la porte ouverte.

La plus belle était rouillée,
Comme la chair sous la lumière ouverte,
Elle avait la couleur ambrée
De la main,
Du matin,
Qui ouvre la grille au silence.
Pour laisser aux couleurs toutes leurs chances.

Les jardins de la nuit ont pour la première fois
Vu la lumière danser autour des rois,

De la nuit
Et de la lumière
Des jardins de la terre.

Portes et clefs distribués derrière les joncs,
Des sombres marais,
Perdus dans le clair-son
Du jardin délivré.

Clefs détachées, verroux dansants
Lumière sur les intérieures eaux,
Prêtes à réveiller les fontaines de leurs flots ;
Envolées en gouttelettes de lumière
Dans le jardin de la nuit,
Où l'éclair poussa hors de terre
Pour rejoindre le portail de la vie.

On ne le nomme pas
Au tumulte du vent,
J'ai gémi.
Au chaos des géants,
J'ai appris.
Soufflait, soufflait dans un tourbillon,
Seule, il ne me restait que ton nom.

La vie était glaciale,
Et les nuits me faisaient mal.
Le vent mon ami,
Roulait sur ma vie.
On entendait cette voie,
Qui vous mène au bout de l'éclat,
Le grand miroir de l'au-delà.

Le vent gémissait
Toutes les journées
N'étaient que murmures et secrets
Et ce souffle lui-même soigna.

Car il est celui que l'on ne nomme pas.

Dans cette contrée
Où il n'y a que l'éternité,
On ne le nomme pas.

Oui, j'ai visité la mort,
Elle disait, attends, attends.
Loi, je voyais cette lumière, Et plongeant dans la mer
Qui sépare toutes les vies,
J'ai connu un ami.
Lui aussi avait connu la mort.

Elle lui avait dit : attends encore.
Mais l'immensité de la lumière des eaux
L'emmena dans son bleu manteau.

Couché, aimé, il entendit
Cette voie cachée au fond de la nuit.
Et sur les eaux nocturnes,
On vit d'une vie diurne
Naître les rescapés de l'infini.

A la vie

Mon amour, ma maison,
J'ai respiré les clefs au fin fond des prisons.
Tes portes ont toujours gardé
Un tendre courage,
Une douce mélodie.

J'entends le bruit de tes pas
Courir au-devant de tous les abris,
Expirant de très lointaines chansons,
Qui écumaient sur toutes les lèvres,
Et dont la vibration a glissé au bout de l'horizon.
Là où le baiser-liberté ne donna pas de fièvre.

L'écriture que tu imposes
A intégré pour toujours le respect,
Et la caresse très enclose
Au sein de l'essence-vérité.

Vitamare, j'entre au bon milieu
De ta ligne ronde comme la plénitude
Semblables aux très innocents yeux
D'un enfant qui cherche la certitude.

Au fond comme une sérénité,
Que tu livres à jamais,

Depuis le commencement jusqu'au point
Rempli d'extase, calme du chemin,
Qui roule au-delà de ton imagination
Dans le but de te conserver
Avec les cailloux qui portent le nom :
D'esprit du sol fertilisé.

La nuit et le réel

La magie de la nuit,
Ne vient pas de rêves,
Ni de couleurs embrunies,
Ou des fleurs déshabillées de leurs sèves.

L'éclat du monde nocturne
Ne frissonne pas sur l'onde de ton imagination,
Et des faux soleils diurnes,
Que tu as capturé en plein jour, sans raison.

Le paradis du monde surnaturel
Ressemble au théâtre de l'homme-nature,
Caché dans son sourire, au fond d'un arc-en-ciel,
Refaisant un rêve pur
Comme un papillon bleu et blanc.

La magie de la nuit,
C'est de ne plus savoir d'où vient le ciel
Et de reconnaître l'amour dans un lac gris.
Avec l'incertitude de son existence réelle,
Déléguée par l'elixir stellaire de la vie ;
Vous emmenant au-delà du monde réel.

L'étrangeté de la nuit
C'est de voir encore le jour

Sur les ailes d'un papillon gris,
Et d'y déceler le goût amer de l'éphémére amour,
Avec l'incertitude de son existence réelle ;
Condamné à planer vers sa fleur glamour,
Dans un voyage entre terre et ciel
Qui ne dure qu'une nuit
Mais dont la magie
Est sa vie.

Tableau du matin

Parmi cette chimère du jour
On voyait danser de la lumière.
Celle des jardins Glamour,
Régnaient le mauve et le vert.

Sur la table, une robe défaite
Prés des murs, les séquelles d'une fête.
De l'eau, de l'eau tout autour
Parmi cette chimère du jour.

L'oiseau-baiser

Si tu fermes les yeux,
Tu peux entendre le feu,
Quand tu marches sur le sable chaud,
Ton coeur s'envole dans un écrin.

Tes yeux sont doux comme des oiseaux ;
Je peux goûter tes larmes avec ma bouche,
Je peux sentit ta chaleur, si je te touche.

Il me suffit de te regarder
Pour aimer te comprendre et t'approcher ;
Avec ton âme dans mon coeur,
Je pleure au-dessus de tout les bonheurs
Et ces fusées me transpercent.
Je brûle à la moindre caresse.

Toi, mon oiseau majestueux,
Tu m'emmènes derrière tes yeux,
Et je vois les couleurs du matin
Jaillir d'un baiser sur mes mains.

Tout est là

Ne cherche pas
Tout est là.
Pénétre au lieu de diviser.
Tu seras le champ et le blé,
Et ton coffret restera néant ;
Où tranquillité règne en harmonie.

Ton coffret sera pour le temps
Une victoire sur la vie.
Avec qui tu auras accompli,
Le cercle d'une nouvelle unité
D'un champ fertilisé ;
Par la peur oubliée,
Et les secrets inexistants.

Marche devant,
Au lieu de courir aux quatre pôles
Et te faire voler par ces mains qui te frôlent.

Sons

La mer chante dans un dialecte inconnu
Que seules comprennent les vagues nues,
Qui laissent transparaître le son clair
Au-dessus des mers sur terre.

La vague qui expire le sable
Jaillit comme un rocher sur la falaise ;
A l'heure où les fous invoquent le diable,
Quelques secrets meurent sous la braise
Le feu glacial du fond des océans.

Infini et passé du temps

Assise sur la dune
Je contemple cette statue de sable,
Au bas de la dune
J'aspire à consulter le sable,
Juste sous mes pieds.

Comparer la montée de la lune,
Derrière ces collines retournées,
Mille fois par le vent, mille fois des dunes.

Statue aux yeux que rien n'arrête,
Monticule stable, silhouette prête
Avec tes bras à te guider.
Te guider là où tu veux
Pour les lasses et les nomades,
Et surtout pour les guerriers
Qui t'attendent dans leurs grottes pleines de feu.

La nuit carnavalesque

Je pense que la nuit des fous devait arriver.
Depuis des siècles, chacun d'eux criaient.
Dans le jour des autres derrière les murs blancs
Et la pluie tombe sur les plaines et les vallées.

Tout n'était que tumulte et allégresse,
c'était le jour béni des fous heureux,
Offrant avec joie leurs sourires malheureux,
Offrant leurs rêves déchirés aux bâtisseurs d'empirs, *
Pleurant avec le plus beau des sourires.

Le jour des fous, les animaux se cachèrent.
Nés un par un malgré les prières,
Matin après matin,
Poussant leurs espoirs jusqu'au plus grand délires,
Tous se tenaient par la main
Détruisant les édifices de leurs rires stridents,
Conjurant le soleil en colliers de diamants ;
Leur tumulte mélodieux arrivait jusqu'au ciel,
Se faisant du réel pousser de longues ailes
Qui effrayaient tous ceux vivants chez heux.

Les fous avaient construit un monde bleu.
Ils construisirent un temple et tremblèrent devant leur liberté.
Les fous hurlèrent jusqu'à la nuit tombée,

Enfin, l'un grimaçant avait cessé de rire
Il avait vu sur le sable blanc, le sang surgir.

L'ondine

Elle chante nue dans le sable.
Sa tête émerge, elle voit les vagues.
Elle chante nue dans le sable,
Ses cris d'amour et de vague
A l'âme…

Un homme voit la femme
Tombe éperdu d'amour pour elle
Elle chante, nue dans le sable.
Tout à coup, alors qu'il vient vers elle,
Elle s'échappe en queue de sirène,
Dans les flots.

Elle chante nue dans la belle eau,
Et laisse à rterre,
Un homme qui crie sa misère.

Abandon

Nuit sans épave,
Au bord de la gran'route,
Nuit sans épave.
Et pourtant il coure
Au bord de la gran'route,
Seul et sans amour.

Il vit dans dans la nuit,
Seul et plein de vie,
Son cri sera toujurs
Nuit sans épave.

L'homme sincère

Au bout du chemin, il était là.
Sur le sol les pierres glissaient dans ses bras,
Car c'était le chemin de la pluie de terre
Et le chemin de terre de pluie.

Le sol était une montagne de roc
Et lui seul sur le sol comme un roc.
Le soleil se levait derrière lui
Il voyait les ombrres bleues et soleils gris,
Qu'avaient oubliés quelques magiciennes.

Sur le chemin, le soleil au zénith cognait,
Son dos et ses yeux étaient éclairés.
Il marchait courbu sans aucune haine.
Son chemin n'eut pas de fin.

Car le soleil était tous les matins
Son compagnon, son aide, son rayon.
Il vivait comme un violon
Sur les notes de l'arc-en-ciel.

Il suivit les traces des couleurs si belles :
Le jaune lui faisait de la paille pour son lit,
Et dans son repos, le rouge l'amenait à midi
Vers l'indigo lustre de feu ;

Enfin, vert et bleu se confondaient.

Dans son coeur espoir et joie se mêlaient.
Il vivait sur ce bout de terrain
Avec les arcs du soleil dans les mains.
Il ne faisait que les poser ici et là
Pour construire sa maison là.

Il rêvait droit comme un roc à sa maison,
Pour lui, elle n'avait que le feuillage.
Et la route calme et sage,
Car il l'avait apprivoisée :
Car ses pieds foulaient avec douceur
L'argile,
Les arbres fragiles :
Et ses yeux caressaient les images.

La paix subsistait,
Il ne mourut jamais
Car la route était infinie
Et comme on le dit :
Adso.

Le lac

L'amour es tun lac
Qui s'écoule de mes yeux à tes yeux.
Dans ton sourire, je te cherche heureux
Car je l'amour
Aussi intensément que toujours.

Comme une fleur qui s'ouvre sur la vie,
je m'ouvre au bonheur
Et comme des corolles de larmes,
Je suis là,
Pour toi.

J'espère le matin ensoleillé
Te réveiller en te couvrant de baisers.

C'est une ode à l'amour
Qu'il soit fou ou amour,
Il est toujours en moi,
Et je sens la force de l'amour-roi,
J'ai toute ta force vivante en moi
J'ai toutes les étoiles qui brillent sur moi.

Le grelot de lumière

Il existe ces chimères.
Souriantes à la lumière.

Je les suis à la trace
Derrière le tain de la glace.

Alors, je pars,
Perdue dans le brouillard
Et je vois ces magiciennes
Dispersant l'amour et la haine.

En voyant s'élancer les gouttes de cette pluie,
L'amour et la haine acceptèrent la vie.
Chemin fastidieux où tintent les grelots,
Personne n'osa encore se jeter dans les flots.

Pourtant, pour chanter l'envol de cette lumière
Il eut fallu pénétrer le doux mystère
Du son qui tinte et éclabousse l'éclair.

Signal

Tu sais que j'attends
Oui, l'appel du vent.
Alors, je partirai.
Si la mort est souple à enlasser
Ton âme s'en va virevolter,
Alors il te faudra choisir
L'un des cent vents pour partir.

Tu sais que j'appelle
La première étincelle.
Et dans ce ciel, de la mort à la vie,
Naîssent le vent et le souffle de Jeremi.

Si les écritures s'envolent,
Sais-tu alors saisir la première parole ?
Le mondecommence-t-il par le vent ou le feu ?
L'âme de nos âmes devant le brasier de Dieu ?

Lison d'amour

Toi qui est là, caché sous la pluie,
Tu as les lèvres mouillées de la nuit
Suave comme un parfum d'étoiles.

Toi qui est là, caché sous les étoiles,
Donne-moi ta main pour qu'à l'aube,
Tu n'aies plus froid.

Tes larmes sont pleines d'éclat,
Mes larmes chassent les ténèbres à l'aube ;
Et ton visage me fait comme un souffle
Du temps qui t'a mené jusqu'à moi.

Tu es mon souffle et ma lumière
Comment dire je t'aime pour aimer...
Le dire, le faire ou l'imaginer

Erreur du faux miroir.
Comment percer les limbes noires ?
Trouver en la nature ce qui fauit l'homme ?
Face aux sentiments bleus comme la pomme.

Nous n'aurons rien à regretter,
Un jour viendra la vérité, mais on peut la construire
Par amour dans le temps de l'avenir :

Projeter un grand chant
Aussi haut que le firmament ;
Alors je chante en ton nom
Et souvent je cite ton prénom,
Dans le monde bleu ou orange
Celui que je te donne en échange.

L'auteur et le feu

N'as-tu jamais vu naître le feu dans un désert ?

Regarde alors la clef de ce mystère,
Toi l'auteur de l'énigme bleue,
Laisseras-tu m'être consummée de ce feu ?
Alors que je voudrai m'étendre, brûlante à l'infini
Sans croiser le chemin d'un homme qui trahit.

Laisse-moi dompter ce feu en bouquet d'étincelles,
Alors pour résoudre l'énigme monte sur la tourelle,
De ce désert et plongez y les couleur
Mais prends garde à la fleur du malheur
Est bien plus transparente que les bleus
Elle pourrait, par mégarde avoir la couleur de tes yeux.

Alors l'énigme résolue
Me jetterait nue
Dans un désert bien trop lointain,
Où le souvenir de tes deux mains
Est bien plus douloureux que la première fois.

Maintenant, tu sais
Si je suis en danger.

Pars même si c'est pour rester dans le noir.

Il y a des couleurs bien plus violentes
Qu'un roman qui s'achéve.
Il y eut ce rêve
Et cette couleur ennivrante.
Devrais-je mourir de cet alcool?
Dont le goût m'a rendu folle?
Adoucis mon destin sans fermer ma main.

Mythologies

L'amour est l'évasion,
De deux espèces
En voie de disparition.
Comme sur la mer de Grèce
Où deux navires coulent ensemble
Se retrouvent réunis sous les flots,
Dans un lit protégé où tout semble beau.

Ainsi dans un monde protégé,
Peut-être que deux êtres se prennent la main,
Par les cheveux, par l'éclaté
Pour rejoindre le soleil du monde des idées.
Là où les bras déliées des chaînes,
Là où les bras liés par l'idée reine
Ils comprendront leurs destinées.

Peut-être comprendront-ils, qu'ils sont faits
L'un pour l'autre,
L'autre pour l'un.

L'être

Je suis celui que tu attends :
Sensuel, bon, intelligent.
Mais je suis neuf cents millions.
Je t'aime à en déchirer mes nuits,
A faire sortir du profond tes cris.

Je t'aime.

Il y a toutes ces couleurs que je n'ai pas vues,
Que tu me reconnaîtras pour peindre sur mes nus.

De ta litière, je veux être la couche
Car de ton corps, tu es ma bouche.

Alors je te dis :

Je suis celui que tu attends
Ni toute la vie,
Ni maintenant.
Je suis cette lumière
Nuptiale qui éclaire
Tes rêves inlassablement,
Tu me fais l'amour.

Je suis celui que tu attends,

Soleil pâle sur le jour.
Juste ce souffle, après le cri
Et ton parfum inconnu
De ma peau jusqu'alors.

Immensité de la joie vécue.

Je te demande : dis-le encore une fois
Je suis celui que tu attends :
(Je t'aime).

Ce que j'ai à te dire

J'attendais que la nuit se lève
Pour venir te raconter mon rêve.

Il m'a fallu de la patience,
Ainsi que beaucoup d'espérance.

La nuit fut claire
Et, là les ténèbres permirent à la lumière
D'être parmi le cosmos et nous.

Dans cette nuit claire, ma parole secoue
Tes dernies éclats de terreur.

Et mon rêve te raconte le jour
Et je crois, il te faudra beaucoup d'amour.

Sa musique

Chant de pluie
Pour la même nuit,
L'indien pleura
De n'avoir pu rattraper
Les fleurs sur l'eau, il pleura.

S'en allèrent les bleus de minuit, les verts ensanglantés.
Il trouva la porte du jardin
Malgré tout s'assit sur une pierre.

Il chanta la main dans la main
Avec les premières lueurs de l'éclair :
De ses yeux glissèrent des eaux pures
Qui rattrapèrent les fleurs perdues
Toutes les couleurs, et son rire ne fut pas dur.

Enfin, il se coucha près du mur et bu
La sève de sa vie,
Car il était plante et magie.

Evanescence liquide

La nuit coule dans ses yeux
Et i lest heureux.
Car de sa pluie diurne et brillante
Jaillit en son âme, le parfum de la lune étincelante.
Elle se glisse par la pupille et offre le ciel à son corps.

Pas besoin d'en demander encore,
Quand le jour se lève,
Je lui rends ses perles d'or.

Je suis son recueil de rêves.
Le jour éclabousse ses cheveux
Et il est heureux,
Car de cet or et de cette force
Jaillit en son âme, le désir
De me faire grandir.

Des milliers de fragments dorés,
Des milliers de perles bleutées,
Qu'offrent le soleil et la nuit rassemblés.
Qu'il sait recueillir, me transmettre et me donner ;
Car je le sens frémir, vibrer, respirer.

Sous la voûte du ciel
Oui j'ai vu ses ailes,

Sur le sol de cette terre,
Je l'ai vu aussi :
Un arbre plein d'olives vertes et fraîches
Un amour indéfinissable comme l'eau fraîche
Sur la cascade de mes yeux.

Glisse et devient d'ébéne
Un homme a volé la nuit,
Il a fait ça pour sa triste vie,
Afin que la lumière
Toujours chante et l'éclaire.

Pourtant cet homme était naturel,
Il ne souffrait presque plus
Car il a rencontré une hirondelle
Qui lui disait à quel point la nuit la faisait nue;
Dans le jour elle clamait
Sa vie, sa tendresse, sa liberté.
Dans la nuit, elle craignait les voraces.
Hommes et animaux, tout ces rapaces.

Pour elle, l'homme a ouvert ses bras aux ténébres
Et dans ses bras dorés s'échappaient les êtres de la nuit
Et dans cet éclat, ni bleu, ni sombre
La lueur était celle d'un rêve éclaté,
Elle était si simple, telle une ombre.
Et, il était si doux, souriant à la vérité.

En fait, il n'avait pas mal depuis longtemps
C'était juste un songe irréel.
L'oiseau de la nuit lui parla une langue si belle
Avec des couleurs dérivantes sur le blanc.

C'est le jour qui emporte ses ailes
Et dans un chant, elle tombe dans mon coeur,
Porteuse de tous les bonheurs.

Elle chantait pendant des heures
Tout ce qu'elle avait vu des affres de la nuit
N'étaient qu'amour et étoiles rougies ;
Par un soleil où les hommes tremblaient.

Elle craignait pour le vent et ses yeux
Car elle était aussi pure que cet homme malheureux.

La dernière balade

La licorne marchait dans la clairière,
Tandis que là haut les constellations pleuraient.
Tout au bout du bois, les hommes avançaient
Et la licorne buvait les larmes des étoiles.

Sur son pelage blanc, les oiseaux venaient se réfugier
Car ils craignaient les feux de l'orage sans voile.

Les feuillesdans le vent tremblaient sous l'eau glacée,
Et l'amour buvait une dernière fois, le baiser de la vie.

La licorne sentait le trouble de la forêt
Et le ciel brillait plus fort avertissant un danger.
Au loin derrière les buisseaux, les hommes avançaient
Avec des fusils,
Près de la source de la vie.

Le regard doux de la licorne se posa sur eux
Et s'éteignit dans un éclair de feu.
Les étoiles crièrent dans le ciel noir,
La licorne s'en allait avec le soir,
Laissant aux hommes sa corne et leurs fusils.

Les oiseaux chantèrent toute la nuit
Espérant lui redonner force et vie.

La rivière dans la clairière

Soirée d'hiver dans une nuit d'été,
La vie est longue comme un désert,
Et toutes les nuits sont étoilées :
C'est le recueillement des rivières
Coulant et glissant le long des clairières
Beauté et suprême et vie.

La glace coula dans le feu
Et ce chemin m'a tout appris.
Oui, j'ai pu observer les cieux :
Leurs lumières coulaient,
Leur clarté roulait
Comme un soleil qui se dilue sur les terres
Où les couleurs se marient pourtant.

Il faisait froid et orange,
Ma main reçue toute cette eau.
Et c'est dans la transparence de l'ange
Que les nuits et les jours devinrent beaux.

Les éclairs bleus qui chantaient dans mes yeux
Pourquoi tant de lumière sur mes yeux ?
Manteau drapé et fluide,
Je me suis allongée et j'ai ouvert les bras.

Toutes mes pensées de pleurs humides,
Chaque invisible prenait corps
Et chaque corps prenait couleurs.

Il n'y avait que cette vie,
Qui prend forme à midi à minuit,
Dans un échange où passe le bonheur.

L'océan d'Agage

Il était une fois un océan
Et au bord de l'eau, deux enfants
Et à leurs pieds, un océan.

Rivage d'écume et de rire,
De ce sel qui fait rajeunir.

Il était une fois l'océan,
Qui assenait le rivage…
Aux bords des villes d'Agage.

Il était une fois, ces deux enfants
Qui jouaient avec le vent.

Parmi le temps

C'est l'heure suave de la fleur de peau,
Qui colore ton regard,
Qui chante dans tes mots
Et respire le soir très tard.

Tu respires le parfum,
Et tu attends le temps d'avant ;
Comme une nostalgie dans un matin,
Où les couleurs de l'aube auraient plus de vingt mille ans.

Là tu entends la saga pleurer l'amour,
Aussi les siècles s'ammonceler dans tes mains.

Des visions folles, des perles d'Oradour,
S'allongent, déversent et glissent comme un satin.

L'aube je t'aime

Je sais que demain,
Il sera là.
Le jour qui sourit au matin,
Il sera là ;
Avec ses pastels et ses parfums.
L'aube secréte qu'embrase la vie.
Celle qui sourit à midi,
Et se constelle en chantant.

Connaissance de l'amour,
Présent dans ma vie, cadeau,
L'espoir d'une vie, un jour,
Tout coloré et odorant d'eau,
De mes yeux si je pleure,
Partout en me laissant le bonheur,
D'avoir pu chaque matin
Ouvrir les yeux sur mon destin.
L'aube je t'aime.

Ombre

La lune habite mon domaine d'amour,
Et l'amour se promène dans l'air.
Sauvage escale d'un parcours
Qui dans une pleine lumière ;
Et c'est la nuit et c'est le jour
Et vogue aux étoiles l'amour.

On a souvent vu le vent gambader
Après la petite fille de la lumière :
L'ombre s'est vue prisonnière
Et devenir une autre clarté.

Ce qui fut terre devint éternité.
La lumière colora le sol
De cette ombre mi-folle
Et dans la lumière
Resta toute la matière.

Le vent qui passait en chantant
Recueillit la forme en l'arrachant
De la terre,
L'emmena dans les airs.

Ainsi le vent et la lumière
Emportent la lune ombre de la terre.

C'est pourquoi la lune habite mon domaine
Fait de terre et d'éternité.

Le roi et moi

Danse avec ma joie,
Toi qui fut sacré roi.
Imagine encore ces fêtes où le temps juyait,
Imagine encore le temps à nous partager.

Oui je le sais, j'en suis sûre.

Je vois ton visage ruisseler.
Sombre, majesté pure.
Danse encore pour partager,
Comme une ronde à traverser
Tout l'océan de tes fleurs éclaté.

Regarde ces fleurs courir,
Prince de tout mon empire,
J'entends les rubans,
De chaque instant.

Il était une fois cette journée,
Avec ce soleil et ces musiques de l'éternité.
Il était une fois cette journée,
Il était surtout toi,
Qui compris le son de ma joie.

Tu voulais des sourires,

Je t'ai donné des désirs
Des rires.
Je voulais des promesses d'éternité
Tu m'envolas sur la mer nacrée.

Formes

Soirée d'hiver dans une nuit d'été.
La vie est longue comme un désert ;
Et toutes les nuits sont étoilées ;
C'est le recueillement des rivières.

Coulant et glissant le long des clairières.

Beauté et suprême et vie,
La glace coula dans le feu.
Et ce chemin m'a tout appris.

Oui j'ai pu observer les cieux :
Leurs lumières coulaient,
Leurs clartés roulaient,
Comme un soleil qui se dilue sur les terres,
Où les couleurs se marient partout.

Il faisait froid et orange.
Ma main reçue toute cette eau
Et c'est dans cette transparence
Que les jours et les nuits devinrent bleus.

Pourquoi tant de lumière sur moi ?
Manteau diapré et fluide.
Je me suis allongée et j'ai ouvert les bras.

Toutes mes pensées de pleurs humides,
Chaque invisible prenait corps
Et chaque corps prenait couleurs.

Il n' y avait que cette vie
Qui prend forme à midi, à minuit,
Dans un échange où passe le bonheur.

Pour toi

A chacune des lumières qui éclairent ma nuit,
A chaque parole d'amour au clair de ses yeux.
Je remercie en relevant du fond de moi,
Le plus beau, le plus chaud et le plus froid.

Tout pour lui,
Pour ma vie.

A chacune de ses paroles,
A la plus belle voie,
A la plus belle école,
Où je serai comme toi :
Une lumière et une parole,
Une parole et une lumière
De sagesse et d'amour.

Je t'aime tout à la fois,
Déposant dans les corolles
De tes espérances à la terre.

Tout mon amour pour toujours,
Afin que tu sois heureux de ma sagesse
Bien que jeune, elle est de toi.

La licorne

A l'abri des terres sauvages,
Au fin fond des cristaux dorés,
Sur la terre des animaux doués,
D'amour et de raison,
Aucune des tristes larmes ne sont,
Ne parvinrent à l'horizon.

Ce fut une journée souple et douce,
Où les licornes galopaient dans la brousse.
A l'abri des terres sauvages
Dans de sublimes concaves.
Leur chant de lune montait jusqu'au firmament
Et, chacune à sa corne étoilée, rassemblait
La face des ans.

Elles y voyaient clair
Comme par un jour sans mystères.
Elles savaient que dans la nuit,
Elles peuvent entendre les cris,
Elles savent que silencieusement
Leur pelage apaise leur ressentiment.

Oui elles le savent, mais une forêt sauvage
Les empêche de se mettre à l'ouvrage.
Alors, moi je dis qu'au bout de chaque étoile

Il y a une licorne blanche, prête à glisser son voile.

Nature d'amour

La nuit coule dans ses yeux
Et il est heureux,
Car de sa pluie diurne et brillante
Jaillit en mon âme, le parfum de la lune étincelante.

Elle se glisse par la pupille et offre le ciel à mon corps
Pas besoin d'en demander encore
Quand le jour se lève
Je lui rends ses perles d'or.

Je suis son recueil de rêves.
Le jour éclabousse ses cheveux
Et i lest heureux,
Car de cet or et de cette force
Jaillit en moi le désir
De me faire grandir.

Des milliers de fragments dorés,
Des milliers de perles bleutées,
Qu'offrent le soleil et la nuit rassemblés.
Qu'il sait recueillir et me montrer
Car je le sens frémir, vibrer, respirer.

Sous la voûte du ciel,
Oui j'ai vu ses ailes

Sur le sol de cette terre aussi.
Un arbre plein d'olives vertes et fraîches
Un amour indéfinissable comme l'eau fraîche
Sur la cascade de mes yeux.

La mort

Quand la haine
Rougit le ciel
De ta vie sereine.

Quand la haine
Détruit le ciel
Couvrant la pluie lointaine.
Plus de longues eaux
Rafraîchissantes,
Plus jamais de mots
Ou de phrases apaisantes.

La première haine
Est le plus long appel
Pour délivrer la mort de ses chaînes,
Et la laisser entrer dans ton ciel.

Regarde la courir
Près de ton portail dangereux
Qui déjà ouvert
Offre à la lumière, le ptremier combat,
La mort rôde tout près,
La mort frôle tes pas.

L'ombre et la lumière arrêtées

Dans un combat mortuaire
Décideront de ton sort.

Sois fort et couvre la haine de tes prières,
Réchauffe le sang de ton corps,
Pour que tout là haut,
sur la falaise.

Pour ques ans un mot,
Dans le ciel de braises
La mort s'effondre,
Et que délivrée de tes chaînes
Tu puisses alors ouvrir
Portes et fenêtres de ta prison.
Dans le dessein de faire sortir
La mort de la maison ;
Qui aux milliers des courants d'air,
Qui traversent la lumière,
Ne saura où te trouver
Perdue dands le dédale de ta réalité .

Certes, tu peux te dire
Je vais mourir ;
Ou dans les murs
Il y a peu de sourires,
Et monstres quelques durs

Qui détruiront peu à peu
Tes deux sourires.
Le premier appellant,
Le deuxième embrassant.

Ainsi le globe s'éteint
Et dans le creux de tes mains
Tu vois quelques veines
Gonfler loin de ta haine.

Table des matières.

Le ruisseau	7
La parole	10
Chance	12
Les trois rêves	14
Jour d'altro	17
Voyage	20
Fête azuréenne	22
La belle Charleville	24
La montagne sacrée	26
La première porte	28
On ne le nomme pas	30
A la vie	32
La nuit et le réel	34
Tableau du matin	36
L'oiseau-baiser	37
Tout est là	38
Sons	39
Infini et passé du temps	40
La nuit carnavalesque	41
L'ondine	43
Abandon	44
L'homme sincère	45
Le lac	47
Le grelot de lumière	48
Signal	49
Lison d'amour	50
L'auteur et le feu	52
Mythologies	54
L'être	55
Ce que j'ai à te dire	57
Sa musique	58
Evanescence liquide	59
Glisse et devient d'ébéne	61
La dernière balade	63

La rivière dans la clairière	64
L'océan d'Agage	66
Parmi le temps	67
L'aube je t'aime	68
Ombre	69
Le roi et moi	71
Formes	73
Pour toi	75
La licorne	76
Nature d'amour	78
La mort	80